AF558019

Paramahansa Yogananda
(1893 – 1952)

PARAMAHANSA YOGANANDA

DAS GESETZ DES ERFOLGES

Gesundheit, Wohlstand und Glück durch die Kraft des GEISTES

DAS BUCH *Das Gesetz des Erfolges* wurde zum ersten Mal 1944 als Heft von der Self-Realization Fellowship veröffentlicht und wird seitdem ständig neu aufgelegt. Es ist in vielen verschiedenen Sprachen erhältlich.

Der Titel der im Verlag Self-Realization Fellowship,
Los Angeles, Kalifornien, erschienenen Originalausgabe lautet:
The Law of Success

ISBN-13: 978-0-87612-150-4
ISBN-10: 0-87612-150-4

Übersetzung aus dem Englischen: Self-Realization Fellowship

Autorisiert durch
International Publications Council of
Self-Realization Fellowship

Der Name und das Logo der Self-Realization Fellowship (siehe oben) erscheinen auf allen Büchern, Ton- und Videoaufnahmen sowie anderen Veröffentlichungen der SRF. Auf diese Weise kann der Leser sicher sein, dass ein Werk von der Organisation stammt, die Paramahansa Yogananda selbst gegründet hat, und dass es seine Lehre wahrheitsgetreu wiedergibt.

Erste deutsche gebundene Ausgabe 1999
Nachdruck 2017

ISBN-13: 978-0-87612-157-3
ISBN-10: 0-87612-157-1

Gedruckt in den USA

1457-J4672

»Am weisesten ist, wer Gott sucht.
Am erfolgreichsten ist, wer Gott gefunden hat.«

Paramahansa Yogananda

Das herrliche Neue

Singe ein Lied, das noch keiner gesungen;
Denke so, wie noch keiner gedacht.
Strebe nach Gipfeln, die keiner bezwungen;
Weine um Gott bei Tag und bei Nacht.
Lieb alle Menschen wie niemand zuvor,
Bestehe mutig den Kampf des Lebens.
Schenk Frieden dem, der den Frieden verlor,
Und Hoffnung dem, der hoffte vergebens.

Mein göttliches Geburtsrecht

Der Herr hat mich nach Seinem Bilde geschaffen. Darum will ich Ihn zuallererst suchen, bis ich die Gewissheit habe, dass ich eins mit Ihm bin. Wenn es dann Sein Wille ist, werden mir auch alle anderen Dinge wie Weisheit, Wohlstand und Gesundheit als mein göttliches Erbteil zufallen.

Ich wünsche mir unbegrenzten Erfolg, aber nicht aus irdischen Quellen, sondern aus Gottes allmächtigen, allgütigen, alles besitzenden Händen.

Das Gesetz des Erfolges

Gibt es eine Kraft, die verborgene Adern des Reichtums aufspüren kann und Schätze ans Licht bringt, von denen wir uns nie haben träumen lassen? Gibt es eine Macht, an die wir uns wenden können, um Gesundheit, Glück und geistige Erleuchtung zu erlangen? Die Heiligen und Weisen Indiens lehren, dass es tatsächlich eine solche Macht gibt. Sie haben in ihrem eigenen Leben die Wirksamkeit gewisser Wahrheitsgrundsätze bewiesen, die auch für euch in Kraft treten werden, wenn ihr euch ernsthaft genug damit befasst.

Eure Erfolge hängen nicht nur von euren Fähigkeiten und eurer Ausbildung ab, sondern zum großen Teil von eurer Entschlusskraft, mit der ihr jede sich bietende Gelegenheit ergreift. Günstige Gelegenheiten ergeben sich nicht zufällig, sie werden von uns selbst erschaffen! Entweder jetzt oder früher (wozu auch vergangene Inkarnationen zählen) habt ihr sie alle selber angezogen. Ihr habt sie euch also redlich verdient und solltet den bestmöglichen Gebrauch davon machen.

Wenn ihr alle verfügbaren äußeren Mittel sowie eure natürlichen Fähigkeiten anwendet, um jedes Hindernis, das sich euch in den Weg stellt, zu überwinden, dann entwickelt ihr die euch von Gott verliehenen Kräfte richtig – unbegrenzte Kräfte, die aus dem innersten Quell eures Wesens fließen. Ihr besitzt sowohl Gedanken- als auch Willenskraft. Macht den größtmöglichen Gebrauch von diesen göttlichen Gaben.

Die Kraft der Gedanken

Erfolge oder Fehlschläge sind das Ergebnis eures gewohnheitsmäßigen Denkens. Was gewinnt bei euch die Oberhand: Erfolgs- oder Fehlschlagsgedanken? Wenn ihr die meiste Zeit negative Gedanken hegt, kann ein gelegentlicher positiver Gedanke keinen Erfolg bringen. Sofern ihr aber richtig denkt, werdet ihr ans Ziel gelangen, auch wenn es euch scheint, dass ihr im Dunkeln tappt.

Ihr tragt die Verantwortung für euch selbst. Niemand anders kann für euch einstehen, wenn ihr am Jüngsten Tag zur Rechenschaft gezogen werdet. Eure Arbeit in dieser Welt – an dem Ort, an den euch das eigene Karma, das heißt eure früheren Handlungen, hingestellt hat – kann von keinem anderen verrichtet werden als von euch selbst. Und eure Arbeit kann nur dann erfolgreich genannt werden, wenn sie auf irgendeine Weise euren Mitmenschen dient.

Brütet nicht ständig über irgendwelchen Problemen. Lasst sie zuweilen ruhen, dann lösen sie sich manchmal von selbst. Aber achtet darauf, dass *ihr* nicht so lange ruht, bis ihr eure Unterscheidungskraft verliert. Benutzt diese Ruhepausen vielmehr dazu, tief in die stillen Regionen eures Inneren zu tauchen. Wenn ihr euch von der Seele lenken lasst, werdet ihr bei allem, was ihr tut, richtig urteilen. Auch wenn ihr in eurem Denken oder Handeln geirrt habt, könnt ihr alles wieder in die richtigen Bahnen lenken. Diese Fähigkeit, im Einklang mit Gott zu leben, kann durch Übung und Ausdauer erlangt werden.

Der Dynamo der Willenskraft

Um Erfolg zu haben, müsst ihr nicht nur positiv denken, sondern auch Willenskraft aufbringen und pausenlos tätig sein. Jede Bewegung entspringt einem Willensakt; nur machen wir nicht immer bewussten Gebrauch von dieser Kraft. Es gibt mechanischen Willen und bewussten Willen. Der Dynamo all eurer Fähigkeiten ist die Willenskraft. Ohne Gebrauch eurer Willenskraft könntet ihr weder gehen noch sprechen, noch arbeiten, noch denken, noch fühlen. Daher ist die Willenskraft die Triebfeder all eurer Handlungen. (Wer diese Energie überhaupt nicht gebrauchen wollte, müsste sowohl körperlich als auch geistig völlig untätig bleiben. Denn selbst bei jeder Handbewegung wendet man Willenskraft an. Niemand kann leben, ohne von dieser Kraft Gebrauch zu machen.)

Mechanischer Wille ist ein unbewusster Gebrauch der Willenskraft. Bewusster Wille dagegen ist eine lebendige Kraft, die mit Entschlossenheit und Zielstrebigkeit einhergeht – ein Dynamo, der weise eingesetzt werden muss. Wenn ihr gezielt bewussten, nicht mechanischen Willen anwenden wollt, dürft ihr ihn nur für konstruktive Zwecke gebrauchen – nicht aber, um Schaden anzurichten oder nutzlose Dinge zu erwerben.

Wer dynamische Willenskraft entwickeln will, muss entschlossen sein, etwas in seinem Leben zu vollbringen, was er sich bisher nie zugetraut hat. Versucht es zunächst mit kleineren Aufgaben. In dem Grade, wie euer Selbstbewusstsein zunimmt und euer Wille dynamischer wird, könnt ihr euch an immer schwierigere Unternehmungen heranwagen. Vergewissert euch zuerst, dass ihr die richtige Wahl getroffen habt, und gebt dann auch angesichts von Fehlschlägen nicht auf. Konzentriert eure ganze Willenskraft darauf, jeweils eine Aufgabe zu vollenden. Verzettelt eure Kräfte nicht und lasst nichts unerledigt liegen, um etwas Neues anzufangen.

Ihr könnt euer Schicksal meistern

Der Geist ist der Schöpfer aller Dinge. Darum solltet ihr ihn so lenken, dass er nur Gutes bewirkt. Wenn ihr mit dynamischer Willenskraft an einem gewissen Gedanken festhaltet, wird er schließlich greifbare Formen annehmen. Und wenn ihr fähig seid, euren Willen stets für aufbauende Zwecke einzusetzen, *werdet ihr euer Schicksal meistern.*

Ich habe soeben auf drei wichtige Punkte hingewiesen, die euch zu dynamischer Willenskraft verhelfen können: 1. Sucht euch eine einfache Aufgabe, die ihr bisher noch nie gemeistert habt, und seid fest entschlossen, dass sie euch diesmal gelingen muss. 2. Vergewissert euch, dass ihr euch etwas Konstruktives und Durchführbares ausgesucht habt, und verbannt dann jeden Gedanken an einen möglichen Fehlschlag. 3. Konzentriert euch auf ein bestimmtes Ziel, setzt all eure Fähigkeiten ein und ergreift jede sich bietende Gelegenheit, um es zu erreichen.

Tief in der ruhigen Sphäre eures SELBST müsst ihr aber überzeugt sein, dass das, was ihr anstrebt, das Richtige für euch ist und dem Plan Gottes entspricht. Dann könnt ihr all eure Willenskraft aufbringen, um euer Ziel zu erreichen. Haltet eure Gedanken unterdessen immer auf Gott gerichtet – die Quelle aller Kraft und allen Erfolgs.

Furcht zehrt an der Lebensenergie

Das Gehirn ist ein Speicher der Lebensenergie. Diese Energie wird jedoch fortlaufend durch die Tätigkeit von Muskeln, Herz, Lunge und Zwerchfell, durch den Stoffwechsel, die chemischen Vorgänge im Blut und die Impulse der sensorisch-motorischen »Nerventelefone« verausgabt. Außerdem wird eine ungeheure Menge an Lebensenergie für alle Denk-, Gefühls- und Willensvorgänge gebraucht.

Angst erschöpft die Lebenskraft und gehört deshalb zu den ärgsten Feinden der dynamischen Willenskraft. Angst presst die Lebensenergie, die sonst gleichmäßig durch alle Nerven fließt, heraus, sodass die Nerven wie gelähmt sind.

Dadurch wird die Lebenskraft im ganzen Körper geschwächt. Angst befreit euch nicht vom Gegenstand der Angst; sie schwächt lediglich eure Willenskraft. Denn im Zustand der Angst sendet das Gehirn allen körperlichen Organen funktionshemmende Meldungen. Sie schnürt das Herz zusammen, hemmt die Verdauungsvorgänge und verursacht viele andere körperliche Störungen. Wenn euer Bewusstsein aber auf Gott gerichtet ist, werdet ihr keine Furcht mehr kennen. Dann wird euer Glaube alle Hindernisse mutig überwinden.

Ein »Wunsch« ist *ein Verlangen ohne Kraft.* Dem Wunsch folgt oft ein »Vorsatz« – ein Plan, den Wunsch oder das Verlangen zu erfüllen. »Wille« jedoch bedeutet: »*Ich handle so lange*, bis mein Wunsch erfüllt worden ist!« Wenn ihr von eurer Willenskraft Gebrauch macht, setzt ihr die

Lebenskraft frei; ein unbestimmtes Verlangen, etwas zu vollbringen, reicht dazu nicht aus.

Fehlschläge sollten die Entschlusskraft anregen

Sogar Fehlschläge sollten eure Willenskraft anregen, damit ihr in materieller und spiritueller Hinsicht künftig bessere Erfolge erzielt. Wenn euch irgendein Vorhaben misslungen ist, solltet ihr eure Lage in allen Einzelheiten untersuchen, um alle Möglichkeiten auszuschalten, dass ihr in Zukunft denselben Fehler begeht.

Die Zeit der Misserfolge ist die beste Zeit, die Saat des Erfolges zu säen. Selbst wenn die äußeren Umstände euch Schaden zugefügt haben, dürft ihr den Kopf nicht hängen lassen. Versucht es immer *noch einmal*, ganz gleich, wie oft euch etwas misslingt. Kämpft auch dann noch, wenn ihr denkt, dass ihr euer Möglichstes getan habt und nicht mehr kämpfen könnt – kämpft so lange, bis eure Bemühungen mit Erfolg gekrönt werden. Das nachstehende kleine Beispiel wird diesen Punkt näher erläutern:

A und B rauften miteinander, und der Kampf zog sich ziemlich in die Länge. Schließlich dachte A: »Jetzt kann ich nicht mehr!« B aber dachte: »Nur noch einen Hieb!« Und unter diesem Hieb sank A zu Boden. Genauso müsst auch ihr es machen und den letzten Hieb austeilen. Überwindet alle Schwierigkeiten durch unbesiegbare Willenskraft.

Jede erneute Anstrengung nach einem Fehlschlag führt zu innerem Wachstum. Sie muss jedoch richtig geplant und von immer tieferer

Aufmerksamkeit und dynamischer Willenskraft begleitet sein.

Nehmen wir einmal an, euch *ist* bisher alles misslungen. Dann wäre es töricht, den Kampf aufzugeben und eure Erfolglosigkeit als unvermeidliches »Schicksal« hinzunehmen. Solange noch irgendeine Möglichkeit auf Erfolg besteht, ist es besser, mitten im Kampf zu sterben, als die Bemühungen aufzugeben. Denn selbst nach dem Tode müsst ihr eure Bemühungen bald in einem anderen Leben fortsetzen. Erfolg oder Misserfolg ist das gerechte Ergebnis eurer früheren *und* jetzigen Handlungen. Deshalb müsst ihr alle Erfolgsgedanken aus früheren Leben wieder wachrufen und verstärken, bis sie alle Fehlschlagsneigungen dieses Lebens beseitigt haben.

Ein erfolgreicher Mensch mag mit viel größeren Schwierigkeiten zu kämpfen haben als einer, der erfolglos ist. Nur hat sich der erste so geschult, dass er nie Gedanken an einen Misserfolg aufkommen lässt. Ihr müsst eure Aufmerksamkeit von Misserfolg zu Erfolg, von Sorge zu Ruhe, von geistiger Zerstreutheit zu Konzentration, von Ruhelosigkeit zu Frieden und von Frieden zu göttlicher Glückseligkeit führen. Mit diesem Zustand der SELBST-Verwirklichung habt ihr das höchste Ziel eures Lebens erreicht.

SELBSTERFORSCHUNG IST VON GRÖSSTER WICHTIGKEIT

Ein weiteres Geheimnis des Fortschritts liegt in der Selbsterforschung. Im Spiegel der Selbstbetrachtung schaut ihr tief in eure Seele hinein

– in Bereiche, die euch sonst verborgen bleiben. Nehmt eure Misserfolge unter die Lupe und stellt fest, was eure guten und schlechten Neigungen sind. Fragt euch, was ihr seid und was ihr werden wollt und welche Mängel euch dabei behindern. Bemüht euch, eure eigentliche Aufgabe, eure Mission im Leben zu erkennen. Versucht, das zu werden, was ihr sein solltet und gern werden möchtet. Wenn ihr eure Gedanken stets auf Gott gerichtet haltet und euch von Seinem Willen leiten lasst, werdet ihr immer größere Fortschritte machen.

Euer letztes und höchstes Ziel besteht darin, zu Gott zurückzufinden. Gleichzeitig habt ihr aber auch eine bestimmte Aufgabe in der Welt zu erfüllen. Mit eurer Willenskraft und Initiative werdet ihr diese Aufgabe erkennen und auch meistern können.

Die schöpferische Kraft der Initiative

Was ist Initiative? Es ist eine schöpferische Kraft in euch – ein Funke des Unendlichen Schöpfers. Initiative verleiht euch die Fähigkeit, irgendetwas zu vollbringen, was noch niemand vor euch vollbracht hat. Sie spornt euch an, neue Wege zu beschreiten. Die Leistungen eines Menschen mit Initiative gleichen leuchtenden Sternschnuppen – denn er erschafft Dinge anscheinend aus dem Nichts und beweist damit, dass das scheinbar Unmögliche möglich gemacht werden kann, wenn man von der großen, erfinderischen Kraft des Geistes Gebrauch macht.

Initiative macht euch fähig, frei und unabhängig zu sein und auf eigenen Füßen zu stehen. Sie ist eines der wichtigsten Merkmale beim Erfolg.

Seht in allen Menschen das Ebenbild Gottes

Viele Leute entschuldigen gern ihre eigenen Fehler, während sie die Fehler ihrer Mitmenschen streng verurteilen. Wir sollten es jedoch umgekehrt machen und die Fehler anderer entschuldigen, während wir unsere eigenen unerbittlich untersuchen.

Manchmal ist es nötig, andere Menschen zu analysieren. In solchen Fällen sollte man jedoch darauf achten, seinen Geist vorurteilsfrei zu halten. Eine unparteiische Einstellung ist wie ein klarer Spiegel, den wir ruhig in der Hand halten und nicht durch voreiliges Urteilen zum Zittern bringen. In einem solchen Spiegel kann man das unverzerrte Ebenbild eines Menschen erkennen.

Bemüht euch, Gott in allen Menschen zu sehen, ganz gleich, welcher Rasse oder welchem Glauben sie angehören. Erst dann, wenn ihr zu fühlen beginnt, dass ihr mit allen menschlichen Wesen eins seid, werdet ihr verstehen, was göttliche Liebe ist; vorher nicht. Wenn wir einander helfen, vergessen wir unser kleines Selbst und erhalten einen Einblick in das eine, unermessliche Selbst – den Geist, in dem alle Menschen eins werden.

Gewohnheitsmässiges Denken beherrscht unser Leben

Unsere Gewohnheiten beschleunigen oder verzögern unseren Erfolg.

Es sind weniger eure zeitweilige Inspiration und eure glänzenden Ideen, die richtungweisend für euer Leben sind, als vielmehr eure täglichen Denkgewohnheiten. Gewohnheitsmäßige Gedanken gleichen geistigen Magneten, die bestimmte Dinge, Personen oder Umstände anziehen. Ständiges positives Denken wird euch Vorteile und günstige Gelegenheiten verschaffen. Ständiges negatives Denken dagegen zieht euch zu materiell gesinnten Menschen und einer ungünstigen Umgebung hin.

Schwächt eine schlechte Gewohnheit dadurch, dass ihr alles vermeidet, was sie hervorrufen oder anregen könnte; *doch dürft ihr euch beim eifrigen Vermeiden dieser Gewohnheit nicht besonders auf sie konzentrieren.* Lenkt euren Geist vielmehr auf irgendeine gute Gewohnheit und übt euch so lange darin, bis ihr sie euch völlig zu eigen gemacht habt.

In unserem Inneren gibt es zwei Kräfte, die ständig miteinander im Widerstreit liegen. Die eine will uns dazu verleiten, diejenigen Dinge zu tun, die wir nicht tun sollten; und die andere spornt uns dazu an, die Dinge zu tun, die wir tun sollten – Dinge, die uns schwerfallen. Die eine ist die Stimme des Bösen und die andere die Stimme des Guten oder Gottes.

Wenn euch das Leben genügend bittere Lektionen erteilt hat, werdet ihr eines Tages zu der klaren Erkenntnis kommen, dass schlechte Gewohnheiten unaufhörlich den Baum neuer materieller Wünsche zum Wachstum anregen, während gute Gewohnheiten den Baum eurer spirituellen Bestrebungen wachsen lassen. Deshalb solltet ihr euch ständig bemühen, den Baum eures spirituellen Wachstums zu nähren, damit ihr schließlich die reifen Früchte der SELBST-Verwirklichung erntet.

Wenn es euch gelingt, all eure schlechten Gewohnheiten auszumerzen und das Gute um seiner selbst willen zu tun – und nicht nur, weil euch das Böse Leid bringt –, dann macht ihr echte spirituelle Fortschritte.

Erst wenn ihr mit euren schlechten Gewohnheiten gebrochen habt, seid ihr wirklich frei. Solange ihr noch kein wahrer Meister seid, der imstande ist, sich selbst zu befehlen, was er tun sollte – auch wenn er es nicht gern tut –, ist eure Seele noch nicht frei. *In dieser Kraft der Selbstbeherrschung liegt die Saat ewiger Freiheit.*

Ich habe jetzt mehrere wichtige Eigenschaften erwähnt, die zum Erfolg führen: positives Denken, dynamische Willenskraft, Selbsterforschung, Initiative und Selbstbeherrschung. Es gibt eine Anzahl populärer Bücher, die eine oder mehrere dieser Eigenschaften hervorheben, jedoch nicht die ihnen zugrunde liegende göttliche Kraft anerkennen. *Der wichtigste Faktor für den Erfolg besteht darin, im Einklang mit Gottes Willen zu handeln.*

Der Kosmos und alle erschaffenen Dinge werden vom Willen Gottes regiert. Es war Gottes Wille, der die Sterne in den weiten Raum schleuderte; und es ist Sein Wille, der die Bahn der Planeten und den Kreislauf von Geburt, Wachstum und Verfall in allen Lebensformen bestimmt.

Die Macht des göttlichen Willens

Der göttliche Wille kennt keine Grenzen. Er wirkt durch erforschte und unerforschte, durch natürliche und scheinbar übernatürliche Gesetze. Er kann den Lauf des Schicksals ändern, Tote erwecken, Berge ins Meer werfen und neue Sonnensysteme erschaffen.

Der Mensch als Ebenbild Gottes verfügt über dieselbe allvermögende Willenskraft. Seine höchste Aufgabe besteht darin, sich durch richtige Meditation[1] in Einklang mit dem göttlichen Willen zu bringen.

Solange der menschliche Wille von Irrtum geleitet wird, führt er uns in die falsche Richtung; wird er aber von Weisheit geleitet, befindet er sich in Einklang mit dem göttlichen Willen. Oft werden die Pläne, die Gott für uns hat, durch unsere menschlichen Konflikte undurchschaubar, und so geht uns die innere Führung verloren, die uns vor immer tieferem Elend bewahren könnte.

Jesus sprach: »Dein Wille geschehe!« Wer seinen Willen mit dem von Weisheit geleiteten

1 Die Meditation ist jene besondere Art der Konzentration, in der die Aufmerksamkeit mit Hilfe wissenschaftlicher Yoga-Techniken vom ruhelosen Körperbewusstsein befreit und ganz auf Gott gerichtet ist. Die *Lehrbriefe der Self-Realization Fellowship* enthalten genaue Angaben über die Wissenschaft der Meditation. *(Anmerkung des Herausgebers)*

Willen Gottes in Einklang bringt, gebraucht göttlichen Willen. Mit den richtigen Meditationstechniken, die seit alters von den großen indischen Weisen entwickelt wurden, können alle Menschen vollkommene Übereinstimmung mit dem Willen ihres Himmlischen Vaters erreichen.

AUS DEM MEER DER FÜLLE

So wie alle Macht in Seinem Willen begründet liegt, so fließen auch alle spirituellen und materiellen Gaben aus dem unerschöpflichen Meer Seiner Fülle. Doch um Seine Gaben empfangen zu können, müsst ihr zunächst jede Vorstellung von Armut und Begrenzung aus eurem Geist verbannen. Der allumfassende GEIST ist vollkommen und kennt keinen Mangel. Wenn ihr von diesem nie versiegenden Vorrat versorgt werden wollt, müsst ihr stets im Bewusstsein der Fülle leben. Selbst wenn ihr nicht wisst, wo die nächste Mahlzeit herkommen soll, dürft ihr euch keine Sorgen machen. Wenn ihr euren Teil dazu beitragt und darauf vertraut, dass Gott das Seine tut, werden euch geheimnisvolle Kräfte zu Hilfe kommen, sodass sich eure konstruktiven Wünsche bald erfüllen. Eine solche Zuversicht und ein solches Bewusstsein der Fülle gewinnt man durch die Meditation.

Da nun Gott die Quelle aller geistigen Kraft, allen Friedens und Wohlstands ist, *solltet ihr euch, anstatt sofort zu entscheiden und zu handeln, zuerst mit Gott verbinden.* Auf diese Weise setzt ihr euer Wollen und Handeln richtig ein, um die höchsten Ziele zu erreichen. Ebenso wie ihr nicht durch ein defektes Mikrofon sprechen könnt, so könnt ihr auch eure Gebete nicht durch ein geistiges Mikrofon aussenden, das durch Ruhelosigkeit schadhaft geworden ist. Ihr müsst es durch tiefe innere Stille reparieren und das Empfangsgerät eurer Intuition richtig einstellen. Dann erst könnt ihr Gott eure Botschaften klar übermitteln und Antwort von Ihm erhalten.

Der Weg der Meditation

Wenn ihr nun euer geistiges Radio repariert und euch innerlich auf die positiven Schwingungen eingestellt habt, wie macht ihr es dann, dass ihr Gott auch erreicht? Indem ihr die richtigen Meditationsmethoden anwendet.

Durch Konzentration und Meditation könnt ihr die unerschöpfliche Kraft eures Geistes so lenken, dass sie eure Wünsche erfüllt und gleichzeitig alle Türen des Fehlschlags verschließt. Alle Erfolgsmenschen verbringen einen beträchtlichen Teil ihrer Zeit damit, sich tief zu konzentrieren. Sie haben die Fähigkeit, tief in sich hineinzutauchen und für jedes Problem, auf das sie stoßen, die richtige Lösung zu finden. Wenn ihr gelernt habt, eure Aufmerksamkeit von allen ablenkenden Dingen zurückzuziehen und sie auf einen einzigen Gegenstand zu richten, werdet auch ihr in der Lage sein, das, was ihr braucht, durch reine Willenskraft anzuziehen.

Bevor ihr irgendetwas Wichtiges unternehmt, setzt euch still hin, beruhigt eure Sinne und Gedanken und meditiert tief. Dann wird euch die große, schöpferische Kraft des GEISTES richtig leiten. Danach solltet ihr aber auch von den erforderlichen materiellen Hilfsmitteln Gebrauch machen, um euer Ziel zu erreichen.

Was ihr wirklich im Leben braucht, sind die Dinge, die euch helfen, eure wahre Bestimmung zu finden. Andere Dinge, die ihr zwar *gern hättet*, aber nicht eigentlich *braucht*, lenken euch bloß vom Ziel ab. Nur wenn ihr darauf achtet, dass alles, was ihr tut, diesem höchsten Ziele dient, werdet ihr Erfolg haben.

Glück ist der Maßstab des Erfolges

Fragt euch zunächst, ob es tatsächlich Erfolg bedeuten würde, wenn ihr das Ziel, das ihr euch gesteckt habt, auch erreicht. Was ist eigentlich

Erfolg? Wenn ihr gesund und reich seid, aber mit allen Leuten (und auch mit euch selbst) Ärger habt, kann euer Leben keineswegs erfolgreich genannt werden. Euer ganzes Dasein ist sinnlos, wenn es euch nicht gelingt, glücklich zu werden. *Wenn ihr materielle Dinge verliert, habt ihr wenig verloren. Wenn ihr eure Gesundheit verliert, habt ihr etwas weit Wertvolleres verloren. Wenn ihr aber euren inneren Frieden verliert, habt ihr das Allerkostbarste verloren.*

Wahrer Erfolg sollte deshalb am Maßstab des Glücks gemessen werden, das heißt an der Fähigkeit, in völliger Harmonie mit den kosmischen Gesetzen zu leben. Der Erfolg lässt sich also nicht an weltlichen Maßstäben messen – ob man Reichtum, Ansehen oder weltliche Macht erlangt hat. Denn diese können uns nicht zu wahrem Glück verhelfen, es sei denn, dass man richtigen Gebrauch von ihnen macht. Wer sie aber richtig gebrauchen will, muss Weisheit und Liebe zu Gott und den Menschen besitzen.

Gott belohnt und bestraft euch nicht. Er hat euch die Macht gegeben, euch selbst durch richtigen oder falschen Gebrauch eurer Vernunft und Willenskraft zu belohnen oder zu bestrafen. Wenn ihr die Gesetze, die zu Gesundheit, Wohlstand und Weisheit führen, übertretet, werdet ihr unweigerlich unter Krankheit, Armut und Unwissenheit zu leiden haben. Vielmehr müsst ihr euch um geistige Festigkeit bemühen und die Bürde der geistigen und moralischen Schwächen, die ihr im Laufe der Jahre auf euch geladen habt, abwerfen. Verbrennt sie im Feuer eurer neuen göttlichen Entschlusskraft und guten Taten. Durch eine solch positive Haltung werdet ihr Freiheit erlangen.

Euer Glück hängt zwar in gewissem Grade von äußeren Umständen ab, hauptsächlich aber von eurer geistigen Einstellung. Um glücklich zu sein, muss man gute Gesundheit, ein ausgeglichenes Gemüt, ein erfolgreiches Leben, die richtige Arbeit, ein dankbares Herz und vor allem Weisheit und Erkenntnis Gottes besitzen.

Wenn ihr den festen Entschluss fasst, glücklich zu sein, ist schon viel gewonnen. Wartet nicht darauf, dass sich die Umstände ändern, und denkt nicht, dass hierin der Grund allen Übels liege. Lasst euer Unglück nicht chronisch werden, denn dadurch schadet ihr euch selbst und allen, mit denen ihr umgeht. Es bedeutet großen Segen für euch selbst und für andere, wenn ihr glücklich seid. Wer glücklich ist, besitzt alles; denn glücklich sein bedeutet, im Einklang mit Gott zu leben. Diese Fähigkeit, glücklich zu sein, entwickelt man durch die Meditation.

Lasst euch bei euren Bemühungen von Gott unterstützen

Gebraucht die Kräfte, die ihr bereits besitzt, für konstruktive Zwecke, dann werdet ihr immer mehr Kraft gewinnen. Geht euren Weg mit unbeirrbarer Entschlossenheit, indem ihr von allen Eigenschaften Gebrauch macht, die zum Erfolg führen. Stellt euch auf die schöpferische Kraft des Geistes ein. Dann habt ihr mit der Unendlichen Intelligenz Verbindung aufgenommen, die euch richtig lenken und all eure Probleme lösen wird. Und dann werden aus der dynamischen göttlichen Quelle eures eigenen Wesens ungeahnte Kräfte fließen und euch dazu befähigen, in jedem Tätigkeitsbereich Schöpferisches zu leisten.

Jedes Mal, bevor ihr wichtige Entscheidungen trefft, solltet ihr euch still hinsetzen und den Vater um Seinen Segen bitten. Dann wird hinter eurer Kraft die Kraft Gottes stehen, hinter eurem Geist Sein Geist, hinter eurem Willen Sein Wille. Wenn Gott durch euch wirkt, kann euch nichts misslingen; dann werdet ihr jede Fähigkeit, die ihr besitzt, immer mehr entwickeln. Wenn ihr eure Arbeit in dem Gedanken vollbringt, Gott zu dienen, erhaltet ihr Seinen Segen.

Auch wenn eure Aufgabe im Leben nur bescheiden ist, braucht ihr euch deshalb nicht zu schämen. Seid vielmehr stolz darauf, weil ihr die

Aufgabe, die der Vater euch übertragen hat, erfüllt. Er braucht euch gerade dort, wo ihr seid; alle Menschen können nicht dieselbe Rolle spielen. Solange ihr arbeitet, um Gott Freude zu machen, werden euch alle kosmischen Kräfte harmonisch unterstützen.

Wenn ihr Gott davon überzeugen könnt, dass ihr Ihn mehr als alles andere ersehnt, habt ihr euch mit Seinem Willen in Einklang gebracht. Und wenn ihr Ihn unentwegt sucht, ganz gleich, welche Hindernisse sich euch in den Weg stellen, die euch von Ihm abzulenken suchen, gebraucht ihr euren menschlichen Willen auf höchst konstruktive Weise. Dann bringt ihr das Gesetz des Erfolges zum Wirken, das schon den Weisen des Altertums bekannt war und das alle wahrhaft erfolgreichen Menschen anwenden. Die göttliche Kraft ist euer, wenn ihr den festen Entschluss fasst, sie dazu zu gebrauchen, Gesundheit, Glück und Frieden zu erlangen. Und während ihr diese Ziele anstrebt, werdet ihr auf dem Weg der Selbst-Verwirklichung zu eurer wahren Heimat – zu Gott – zurückfinden.

Affirmation

Himmlischer Vater, ich will denken, ich will wollen, ich will handeln; doch lenke Du mein Denken, Wollen und Handeln, damit ich in allem das Richtige tue.

Über den Autor

Paramahansa Yogananda (1893–1952) gilt weltweit als eine der überragenden geistigen Persönlichkeiten unserer Zeit. Aus Nordindien stammend kam er 1920 in die Vereinigten Staaten, wo er über dreißig Jahre lang die altehrwürdige indische Wissenschaft der Meditation sowie die Kunst eines ausgeglichenen spirituellen Lebens lehrte. Durch seine begeistert aufgenommene Lebensgeschichte, die *Autobiographie eines Yogi*, und seine zahlreichen anderen Bücher hat Paramahansa Yogananda Millionen Leser mit den unsterblichen Wahrheiten des Ostens bekannt gemacht. Unter der Leitung Sri Mrinalini Matas, einer seiner engsten Jüngerinnen und Präsidentin der Self-Realization Fellowship, wird sein geistiges und humanitäres Werk von der Self-Realization Fellowship fortgeführt – von der internationalen Organisation, die er 1920 gründete, um seine Lehren in aller Welt zu verbreiten.

Weitere Bücher von Paramahansa Yogananda

Erhältlich in Buchhandlungen (*bitte erwähnen, dass es sich um einen amerikanischen Verlag handelt*), online,

von Brockhaus Commission,
Tel. 07154 / 1327-0, Fax 07154 / 1327-13,
E-Mail: bestell@brocom.de,

oder direkt beim Herausgeber, Self-Realization Fellowship,
Tel. 001/ 818-549-5151 (nur auf Englisch) oder
bookstore.yogananda-srf.org

Autobiographie eines Yogi

Autobiographie eines Yogi (Hörbuch,
gelesen von Robert Atzorn)

Gott spricht mit Arjuna: Die Bhagavad-Gita
Neue Übersetzung und neuer Kommentar

Die Wiederkunft Christi:
Die Auferstehung des Christus im eigenen Inneren —
Eine wegweisenden Auslegung der ursprünglichen Lehren Jesu

Der Yoga der Bhagavad-Gita

Der Yoga Jesu

Gesammelte Vorträge und Essays:
Band I: Die ewige Suche des Menschen
Band II: Im Zauber des Göttlichen
Band III: Die Reise zur SELBST-Verwirklichung

Der Wein des Mystikers
Die Rubaijat des Omar Chajjam – eine geistige Deutung

Religion als Wissenschaft

Flüstern aus der Ewigkeit

Lieder der Seele

Worte von Paramahansa Yogananda

Wissenschaftliche Heilmeditationen

An der Quelle des Lichts
Einsichten und Inspirationen,
um den Herausforderungen des Lebens zu begegnen

Wege zum inneren Frieden
Ruhige Tätigkeit – tätige Ruhe

Aus der Quelle der Seele
Wege zum erfolgreichen Beten

Leben ohne Angst

Warum Gott das Böse zulässt
und wie man sich darüber erhebt

Zwiesprache mit Gott

Meditationen zur Selbst-Verwirklichung

Erfolg im Leben

Kosmische Lieder

Lehrbriefe der Self-Realization Fellowship

Die von Paramahansa Yogananda gelehrten wissenschaftlichen Meditationstechniken, einschließlich des *Kriya-Yoga*, sowie seine Ratschläge für ein ausgeglichenes Leben sind in den *Lehrbriefen der Self-Realization Fellowship* zusammengefasst worden. Weitere Auskunft hierüber finden Sie in der kostenlosen Broschüre *Ungeahnte Möglichkeiten*, die Ihnen auf Wunsch zugesandt wird. Wenden Sie sich bitte an:

Self-Realization Fellowship
3880 San Rafael Avenue
Los Angeles, CA 90065-3219 USA
Tel.: +(323) 225-2471
Fax: +(323) 225-5088
http://www.yogananda-srf.org/lehrbriefe

oder

Gemeinschaft der Selbst-Verwirklichung
Laufamholzstraße 369
D-90482 Nürnberg
Tel.: 0911/50 10 87
Fax: 0911/5 04 83 17

ZIELE UND IDEALE
DER
SELF-REALIZATION FELLOWSHIP

dargelegt von ihrem Gründer Paramahansa Yogananda
Präsidentin: Sri Mrinalini Mata

Menschen aller Nationen mit bestimmten, wissenschaftlichen Techniken bekannt zu machen, die zur unmittelbaren, persönlichen Gotteserfahrung führen;

zu lehren, dass der Sinn des Lebens in der Höherentwicklung des begrenzten menschlichen Bewusstseins liegt, bis es sich aus eigener Kraft zum Bewusstsein Gottes erweitert, und zu diesem Zweck Tempel der Self-Realization Fellowship in aller Welt zu errichten, in denen wahre Gottverbundenheit gepflegt wird, und die Menschen außerdem anzuregen, sich in ihrem eigenen Heim und Herzen einen Tempel Gottes zu schaffen;

darzulegen, dass das ursprüngliche, von Jesus Christus gelehrte Christentum und der ursprüngliche, von Bhagavan Krishna gelehrte Yoga im Wesentlichen völlig übereinstimmen und dass ihre Prinzipien der Wahrheit die wissenschaftliche Grundlage aller echten Religionen bilden;